Steine bemalen für Kinder

Steine bemalen für Kinder

Entwürfe, die der Kreativität Flügel verleihen

F. Sehnaz Bac

ökobuch

Die amerikanische Originalausgabe des Buches erschien 2018
in den USA unter dem Titel „Stonepainting for Kids"
bei Dover Publications, Mineola, New York, USA

Übersetzung: Heinz Ladener, Staufen

ISBN der deutschsprachigen Ausgabe: 978-3-947021-17-8

Königstr. 43, 26180 Rastede
www.oekobuch.de
Kontaktadresse nach EU-Produktsicherheitsverordnung:
verlag@oekobuch.de

1. Auflage 2020
2. Auflage 2021
3. Auflage 2022
4. Auflage 2025

FSC
www.fsc.org
100%
Paper from well-managed forests
FSC® C014521

Printed in the European Union

Inhaltsverzeichnis

Weitere Spiele

Dieses Buch ist meinen Töchern,
Ayse und Zeynep Meric, sowie
meinem Mann, Artabano Forcellese, gewidmet
für ihre Geduld und ihre Unterstützung.

Steine bemalen

Eine kreative Beschäftigung mit viel Spaß!

Das Malen auf Kieseln und auf anderen Steinen kann Euch viel Freude, Ruhe und Entspannung bringen. Ihr werdet merken, wie es sowohl Eure Konzentration als auch Eure Kreativität fördert. Vom ersten Moment an, wenn Ihr einen Stein beim Spaziergang in der Natur in die Hand nehmt, bis Ihr Eure Kreation an Eltern oder Freunde verschenkt, Euer Zimmer damit dekoriert oder damit spielt, werdet Ihr dieses Hobby, das immer mehr Freunde findet, genießen.

Diese extra für Euch Kinder geschaffene Anleitung enthält eine Fülle an Ideen, von einfachen Formen bis hin zu detaillierteren und aufwendigeren Mustern. Sie alle sind dazu gedacht, Eure Phantasie für neue Entwürfe anzuregen, die zum Beispiel aus Eurem täglichen Leben stammen oder davon inspiriert sein können: Schule, Zuhause, Haustiere, Spiele und vieles mehr. Immer wird die jeweilige Form des Steines die Grundlage sein, die Euch anregt, einzigartige Kunst-Werke zu schaffen. Dank der Schritt-für-Schritt-Bilder werdet Ihr die Techniken im Handumdrehen beherrschen, wobei wir preiswerte Materialien verwenden, die in Schreibwaren- und Hobbyläden leicht zu bekommen sind.

Ihr könnt die Entwürfe in diesem Buch einfach nachmalen oder auch variieren, wobei Ihr viele Ideen finden werdet, die Ihr nach eigenem Geschmack anpassen könnt. Meine stilisierten Entwürfe sollen letztlich helfen, Eure Kreativität zu entwickeln und Euch anzuleiten, auf ganz eigene Art Steine zu bemalen. Macht Euch keine Sorgen über Euer künstlerisches Niveau! Eines der Ziele des Buches ist es, Euch zu helfen, eigene Maltechniken zu entwickeln und gleichzeitig Spaß mit Eurer Familie und Euren Freunden zu haben.

Am Ende werdet Ihr stolz darauf sein, Euer Zuhause mit eigenen Steinbildern zu schmücken und sie an Eure Lieben zu verschenken!

Die richtigen Steine aussuchen

Ein Aufenthalt mit der Familie oder Freunden am Meer, an einem Fluss oder See ist eine feine und gesunde Gelegenheit, Zeit miteinander zu verbringen. Dort findet Ihr auch eine unglaubliche Vielfalt an Steinen, aus denen Ihr auswählen könnt. Das Wasser macht die Steine glatt und rund, so dass Ihr sie, wie sie sind, für Euer Steinmalprojekt verwendet könnt. Die vielfältigen und ungewöhnlichen Formen und ihre Schönheit können Euch zu neuen Gestaltungen und Mustern inspirieren, an die Ihr vorher noch nicht gedacht habt. Am besten wählt Ihr glatte, flache Steine und Kiesel in unterschiedlichen Formen und Größen. Ihr könnt aber auch unregelmäßige und raue Steine sammeln, wenn Euch die Form gefällt. Vergesst nicht, einen Erwachsenen zu fragen, ob es erlaubt ist, etwas aus der Natur von dem Ort, den Ihr besucht, mitzunehmen.

Wenn Ihr keine Gelegenheit habt, dort hinzukommen, wo passende Steine zu finden sind, ist das auch kein Problem! In Hobbyläden und Gartenbau-Centern werden oftmals zum Basteln geeignete Steine angeboten.

Die Steine vorbereiten

Bevor Ihr mit der Steinmalerei beginnt, müsst Ihr die Steine reinigen. Legt sie in einen Behälter mit Wasser und wascht sie mit einer weichen Bürste oder Zahnbürste und etwas milder Seife ab. Spült sie anschließend unter fließendem Leitungswasser und legt sie einen ganzen Tag lang in die Sonne, damit sie gründlich trocknen. Sind die Steine vollständig getrocknet, könnt Ihr mit Eurem ersten Projekt beginnen. Wenn Ihr feststellt, dass ein Stein noch zu rau ist, hilft das satte Auftragen von weißer Acrylfarbe, um die Poren zu füllen, am besten durch Aufdrücken des Pinsels auf den Stein. Wenn Ihr auf einem farbigen Hintergrund malen möchtet, könnt Ihr die Oberfläche des Steins auch mit einer andersfarbigen Acrylfarbe bestreichen (grundieren) und nach dem Trocknen Euren Entwurf auf die farbige Oberfläche zeichnen.

Farben, Pinsel, Stifte

Um Eure Entwürfe auf Steine und Kiesel zu übertragen, braucht Ihr Bleistifte und Spitzer. Zum Zeichnen auf helleren Oberflächen ist ein gewöhnlicher Bleistift gut geeignet, für dunklere Oberflächen eher ein weißer Stift. Wenn Ihr einen Fehler gemacht habt, könnt Ihr ihn einfach ausradieren.

Acrylfarben lassen sich leicht auftragen, die Farben sind satt und leuchtend, und sie verwischen und verblassen nicht, wenn sie einmal getrocknet sind. Eure Steinmalereien werden auffallen!

Acrylfarbe ist in Glasgefäßen, Tuben und Plastikbehältern zu kaufen. Es ist wichtig, immer daran zu denken, dass sie sehr schnell austrocknen. Seid also vorsichtig und verschließt jeden Behälter, wenn die Farbe nicht mehr gebraucht wird. Wenn Ihr Farben auf einer Palette mischen wollt, beginnt mit kleinen Mengen. Außerdem ist es immer besser, den Raum, in dem Ihr malt, zu lüften. Also öffnet ein oder mehrere Fenster und die Tür. Ihr benötigt einen Wasserbehälter (ein Glas oder ein Plastikbecher funktionieren gut), Papiertücher und eine Palette (eine Plastikplatte geht auch), um die Farben zu mischen. Und es ist gut, eine Schürze zu tragen, um Eure Kleidung zu schützen. Als Alternative zu Acrylfarben könnt Ihr übrigens auch wasserbasierte Bastelfarben verwenden.

Und dann benötigt Ihr natürlich auch Pinsel! Synthetische Pinsel mit runder Spitze sind für alle Projekte gut geeignet; flache Pinsel sind nützlich, um auf dem Stein Flächen auszumalen. Durch Ausprobieren verschiedener Pinselgrößen und Pinselformen bekommt Ihr am schnellsten ein Gefühl dafür, welche Pinsel für welche Zwecke am besten geeignet sind.

Lasst die Pinsel niemals dauerhaft im Wasser liegen, da sie dadurch ihre Form verlieren und unbrauchbar werden. Jedes Mal, wenn Ihr mit dem Malen fertig seid, solltet Ihr sie mit sauberem Wasser auswaschen. Bleistifte und Buntstifte sind einfacher in der Anwendung, um Skizzen und Entwürfe auf Kieselsteine zu zeichnen, weil diese Striche nicht trocknen müssen. Farbige Filzstifte und Marker können auf hellen Steinen, wie z.B. weißen Steinen, benutzt werden. Stifte und Marker funktionieren am besten auf glatten Oberflächen. Beim Zeichnen mit farbigen Stiften solltet Ihr nicht zu stark aufdrücken, um die Spitzen zu schützen und sie für längere Zeit in brauchbarem Zustand zu erhalten. Acrylstifte sind gut geeignet, um Details und kleinere Flächen eines Entwurfes auszumalen. Sie arbeiten im Inneren mit einem Pumpsystem: Wenn Ihr einen Stift geschüttelt habt, müsst Ihr mehrmals leicht

drücken, damit die Farbe an die Spitze fließen kann. Übt mit einem Acrylstift zuerst auf einem Stück Papier, bevor Ihr ihn auf einem Stein benutzt. Bittet eventuell einen Erwachsenen, Euch beim ersten Auftragen zu helfen.

Für die Steinmalerei können auch Aquarell- oder Wasserfarben, Kreiden und Buntstifte verwendet werden. Aber denkt daran: Was Ihr darauf malt, wird nicht dauerhaft sein.

Arbeitstechniken

Sobald Ihr Eure Steine, Kiesel und die anderen Utensilien beisammen habt, könnt Ihr anfangen! Beginnt am besten zunächst mit einfachen Projekten; mit der Zeit bekommt Ihr Übung und werdet erfahrene Steinmaler.

Bevor Ihr mit dem Zeichnen Eures Entwurfes beginnt, könnt Ihr entscheiden, ob die Oberfläche des Steins naturbelassen bleiben oder eine farbige Grundierung erhalten soll. Es gibt jedoch nichts, was unveränderlich oder falsch wäre. Ihr könnt Eure Meinung jederzeit ändern! Zuerst skizziert Ihr Eure Gestaltungsidee auf Papier, um zu sehen, wie sie am Ende aussieht. Wenn Ihr mit dem Ergebnis zufrieden seid, übertragt Ihr sie mit einem Bleistift auf den passenden Stein. Dabei lassen sich Fehler noch leicht ausradieren. Wenn die Skizze fertig ist, könnt Ihr die Linien und Flächen mit Acrylfarben und Pinseln, mit Acrylstiften oder anderen Markern ausmalen. Achtet darauf, dass Ihr wirklich alle Bleistiftlinien übermalt, um ein sauberes Bild zu schaffen. Wenn Ihr nicht 10 bis 20 Minuten warten wollt, bis die jeweilige Farbe getrocknet ist, könnt Ihr mit Warmluft aus einem Föhn nachhelfen. Lasst Euch dabei unbedingt von einem Erwachsenen helfen!

Ich zeichne in meinen Entwürfen gern mit einem schwarzen Stift Umrandungslinien um die Muster, damit sie noch besser zur Geltung kommen. Ihr könnt sie auch weglassen, wenn es Euch besser gefällt. Sobald die Farbe und die Umrisse aufgetragen sind, könnt Ihr nach Herzenslust Details hinzufügen: Linien, Dreiecke, Kreise, Punkte, Quadrate ... was immer Euch einfällt! Dabei könnt Ihr Stifte und Materialien je nach Geschmack und Stimmung wählen und auch miteinander mischen. Die Möglichkeiten sind endlos.

Achtet nur darauf, dass der Stein am Ende 24 Stunden lang trocknen kann. Erst dann sollte Ihr Euren Stein mit transparentem Acryllack (matt oder glänzend) überziehen, um die Steinbilder vor Staub, Wasser und Kratzern zu schützen. Der Acryllack kann mit einem Pinsel aufgetragen oder aufgesprüht werden. Bittet einen Erwachsenen, Euch zu helfen und geht dazu am besten ins Freie.

Was könnt Ihr mit den bemalten Steinen machen?

Eure Steinmalereien sind ein schönes Geschenk für Familie, Freunde, Klassenkameraden und Lehrer. Geburtstage und Feiertage, Jubiläen und andere Anlässe geben Euch die Gelegenheit, originelle und einzigartige Kreationen zu erschaffen. Ihr könnt die Steinbilder auch zur Dekoration Eures Zimmers und Schreibtisches verwenden, als Buchstützen oder Briefbeschwerer, als Ornamente in Gärten oder Blumentöpfen, an Wegen und anderen Orten.

Kieselsteine können auch auf einen Magneten geklebt und auf der Kühlschranktür platziert werden, oder Ihr könnt sie auf Pappe befestigen oder auf eine Holzplatte montieren. So entstehen lustige und schöne Bilder, an denen alle ihre Freude haben!

Kinder bemalen Steine

Geometrische Formen

1 Ihr benötigt flache Steine. Die Form ist nicht wichtig, deshalb kommen ovale, runde oder auch unregelmäßig geformte Steine infrage. Hier sind es sechs Steine. Zeichnet mit einem Bleistift geometrische Grundformen darauf: ein Rechteck, ein Quadrat, ein Oval, einen Kreis, ein Dreieck und ein Sechseck.

2 Malt die Formen farbig aus. Ihr könnt Acryl-, Aquarell- oder Temperafarbe verwenden. Runde Pinsel wie z.B. Nummer 3 und 4 sind eine gute Wahl. Ihr könnt auch Filzstifte oder Marker für diese Arbeit benutzen.

3 Jetzt könnt Ihr die geometrischen Formen verzieren. Zuerst zieht Ihr mit einem schwarzen Filzstift eine dünne Linie um die Ränder Eurer Formen. Dann zieht Ihr eine dickere Linie um die schwarze Linie herum, in einer Farbe, die sich von den bereits verwendeten Farben der Muster unterscheidet. Zum Schluss zeichnet in einer dritten Farbe gestrichelte Linien um die dicke Linie. So entstehen sehr schöne, bunte Steine!

4 Durch Abkleben mit Klebeband könnt Ihr einen weiteren interessanten Effekt erzielen. Wickelt das Klebeband um einen Teil des Steins (z.B. über die Mitte) und achtet darauf, dass es fest an die Steinoberfläche angedrückt wird. Danach malt Ihr einen nicht beklebten Teil des Steins in einer Farbe Eurer Wahl.

5 Anschließend malt Ihr den anderen nichtbeklebten Teil des Steins mit einer anderen Farbe an und wartet, bis die Farben vollständig getrocknet sind. Dann könnt Ihr das Klebeband vorsichtig wieder abziehen.

6 Wiederholt die Schritte 4 und 5 für jeden Abschnitt, den Ihr einfärben möchtet. Wenn an einigen Stellen beim Abziehen des Bandes Farbe austreten sollte, ist das nicht weiter schlimm! Ihr könnt diese Stellen mit einem Pinsel oder einem Acrylstift der gleichen Farbe übermalen.

Probiert es mal aus!

Ihr könnt Eure Entwürfe so lassen, wie sie sind, oder sie noch weiter verzieren. Mit Lineal und Acrylstiften oder Pinseln könnt Ihr weitere Unterteilungen und Verzierungen hinzufügen.

Zahlen

1 Sucht glatte, flache Steine aus. So könnt Ihr leicht Zahlen darauf schreiben.

2 Schreibt Eure Zahlen mit breiten Farbstiften in verschiedenen Farben auf die Steine. Wählt für die Zahlen einfache Formen oder zeichnet Punkte und kleine Linien mit verschiedenen Farben um sie herum.

3 Ihr könnt die Zahlen auch mit einer Zeichenschablone auf die Steine schreiben. Legt die Schablone auf die Oberfläche des Steins und zeichnet den Umriss der Zahl sorgfältig mit dem Bleistift nach. Wenn Ihr einen Fehler gemacht habt, könnt Ihr radieren und es noch einmal versuchen.

4 Malt die Zahlen mit den Farben Eurer Wahl aus. Versucht, möglichst sauber auszumalen und innerhalb der Linien zu bleiben. Ich habe schwarze Farbe für die Zahlen verwendet, aber Ihr könnt auch andere Farben ausprobieren, um das Aussehen zu verändern.

Buchstaben

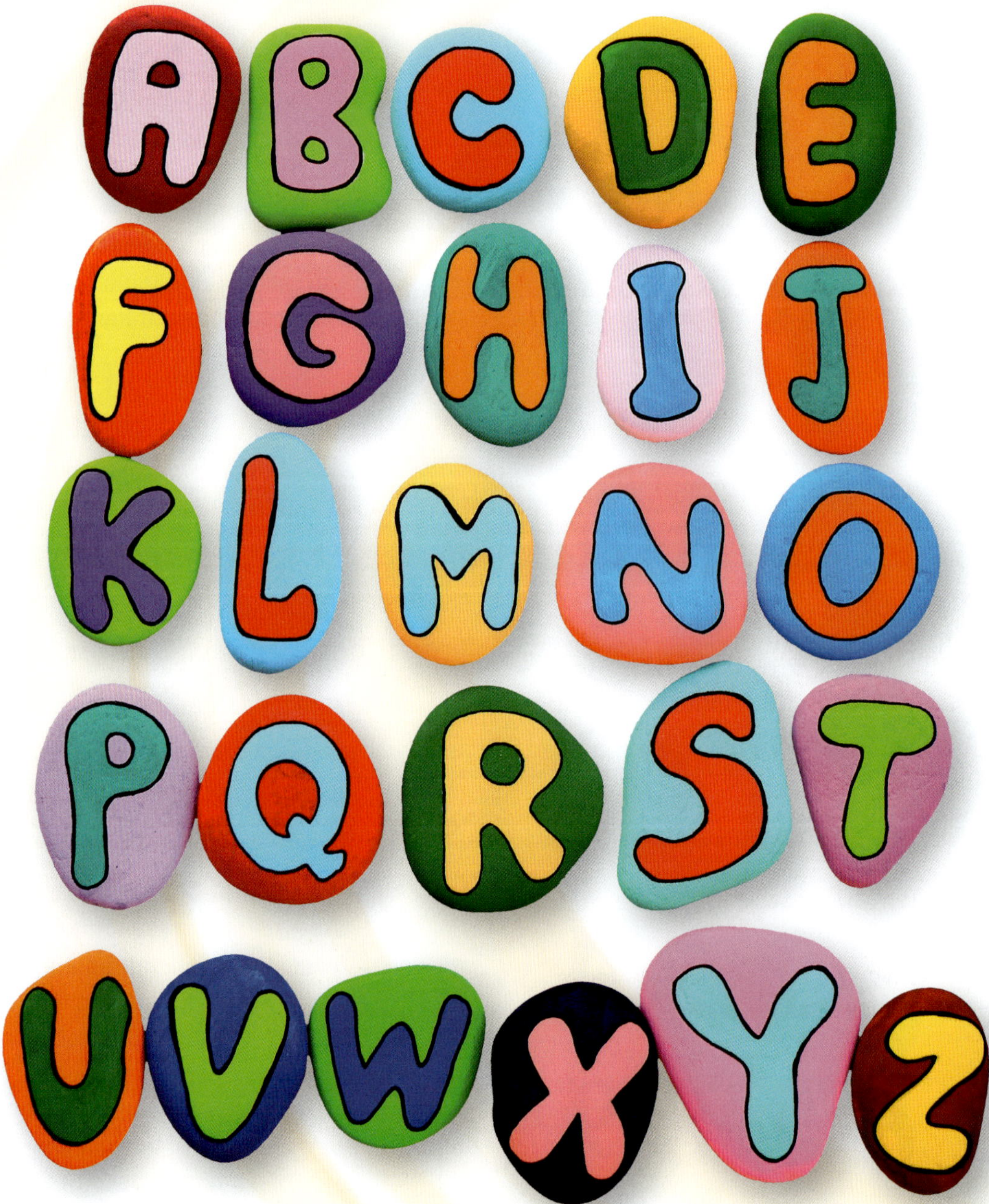

1 Sucht flache Steine aus, die eine ähnliche Form haben wie die sechsundzwanzig Buchstaben des Alphabets.

2 Grundiert die Oberflächen der Steine in verschiedenen Farben. Acrylfarben wirken am strahlendsten, aber Ihr könnt auch Tempera, Plakatfarbe oder Aquarellfarben verwenden.

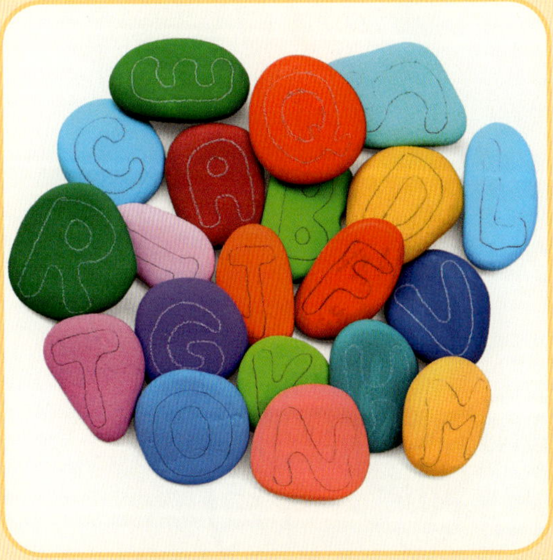

3 Wenn die Steine vollständig getrocknet sind, zeichnet die Umrisse der Buchstaben darauf. Bei helleren Hintergrundfarben nehmt einen Bleistift. Für dunklere Oberflächen ist ein weißer Stift oder ein Buntstift besser geeignet.

4 Malt die Buchstaben mit Farben aus, die gut zum Hintergrund passen. Ihr könnt Farbe und Pinsel oder Faserstifte benutzen. Umrandet Eure Buchstaben mit Fineliner-Stiften (Permanent-Tuschestiften), Filzstiften oder schwarzen Farbstiften. Jetzt könnt Ihr Wörter zusammenlegen!

Herzen

1 Hier braucht Ihr herzförmige oder dreieckige Steine. Zeichnet Euer Herz mit einem Bleistift oder mit Farbe auf die Oberfläche des Steins oder Ihr grundiert den Stein farbig und zeichnet dann Euer Herz darauf.

2 Wenn die Farbe getrocknet ist, nehmt Acrylstifte, um die Herzmotive mit dicken, kräftigen Linien aufzutragen.

3 Fügt mit Farbstiften bunte, breite Linien in das ursprüngliche Herz ein und umrundet diese mit einem schwarzen Stift. Das lässt die Motive stärker ins Auge springen! Um Bewegung hinzuzufügen, zeichnet eine schwarze Schraffur innerhalb einer farbigen Linie.

4 Wenn Ihr weitere Details hinzufügen möchtet, verziert die rot bemalten Steine mit weißen Linien, farbigen Punkten und Strichen. Für das grüne, violette und gelbe Herz fügt jeweils einen rosa Umriss und einige rosa, weiße und türkisfarbene Punkte hinzu.

Gesichter

1 Runde oder ovale Steine sind am besten geeignet. Für die Gesichter werden hier vier verschiedene Stile gezeigt. Beim ersten Stein wird das Haar vom rosa gefärbten Gesicht durch einen Strich getrennt. Der nächste Stein zeigt Haare und Gesichtszüge. Beim dritten Stein werden einfach nur Augen und ein Mund gemalt. Und der vierte Stein wird farbig grundiert.

2 Im nächsten Schritt könnt Ihr damit beginnen, den Gesichtern weitere Gesichtsmerkmale und Hautfarben hinzuzufügen. Auf den farbig grundierten Stein könnt Ihr mit einem Bleistift Gesichtszüge aufzeichnen.

3 Malt die Haarpartien mit Acrylstiften in lustigen Farben aus. Ihr könnt sogar Wellen oder Locken hinzufügen. Zeichnet Punkte und Striche für die Nasen und malt Augen und Mund farbig. Für die Details könnt Ihr einen schwarzen Stift und farbige Stifte für die Augen und den Mund verwenden. Versucht, Gesichter mit unterschiedlichen Ausdrücken zu malen. Die Möglichkeiten sind endlos!

1 Hier ist eine weitere lustige Möglichkeit, Gesichter zu malen. Sucht zunächst einige runde und ovale Steine unterschiedlicher Größe und grundiert sie mit leuchtenden Farben.

2 Nachdem die Farbe getrocknet ist, könnt Ihr mit Farbstiften mit breiter Spitze Augen, Nasen und Münder aufmalen. Es reicht schon, zwei große weiße Punkte für die Augen, einen rosa Punkt für die Nase und eine rote oder schwarze Linie für den Mund aufzumalen.

3 Zeichnet mit einem dünnen schwarzen Stift einen Umriss um alle Gesichtszüge. Ihr könnt schwarze Punkte für die Pupillen zeichnen oder auch Kulleraugen aus Pappe schneiden oder winzige flache Kieselsteinchen als „Augen" suchen und diese aufkleben, wie im Bild links gezeigt.

Probiert es mal aus!

Kulleraugen imitieren die Bewegung des Augapfels. Ihr könnt Eure bemalten Steine mit aufgeklebten Augen aus Pappe oder winzigen flachen Steinchen (siehe auch Seite 37) verzieren, um einen besonders dekorativen Eindruck zu erzielen.

Blumen-Mosaik

1 Ihr benötigt runde und ovale oder blütenblattförmige Steine und Kiesel. Legt sie auf einer flachen Oberfläche zu Blumen aus. Verwendet die länglichen Steine, um die Stiele und Blätter darzustellen.

2 Ihr könnt jedes Blütenblatt in einer anderen Farbe anmalen oder alle Blätter in der gleichen Farbe.

3 Wenn es schwierig ist, die Kieselsteine zu bemalen, klebt doppelseitiges Klebeband auf ein Blatt Papier und klebt die Kieselsteine mit der anderen Seite des Klebebandes fest. Nun könnt Ihr sie leicht bemalen. Wenn die eine Seite trocken ist, dreht die Kieselsteine um und bemalt die andere Seite.

4 Wenn Ihr zusätzliche Details hinzufügen möchtet, malt zum Beispiel tropfenartige Formen auf die Blütenblätter und verziert den mittleren Kieselstein mit Punkten und kleinen Linien. Ihr könnt auch mit einem Acrylstift mit breiter Spitze Linien auf die Stiele und Blätter setzen.

Pilze

1 Sucht nach einem Stein mit einer dreieckigen gerundeten Form für die Pilzkappe und nach einem ovalen länglichen Stein für den Stiel.

2 Bemalt die Pilzkappe mit roter oder rotbrauner Farbe und den Stiel mit hellbrauner Farbe. Lasst die Farbe vollständig trocknen.

3 Um die Pilzkappe zu verzieren, könnt Ihr große und kleine Punkte mit einem weißen Acrylstift mit breiter Spitze hineinsetzen. Setzt einige dunkelbraune Flecken auf den Stiel und malt grünes Gras am unteren Ende des Pilzes auf.

4 Probiert verschiedene Farben auf Euren Pilzen aus. Ihr könnt sie realistisch gestalten oder auch mit ungewöhnlichen Farben fantasievoll gestalten!

Domino-Steine

1 Um einen Satz Dominosteine herzustellen, benötigt Ihr achtundzwanzig Kieselsteine von ähnlicher Form und Größe. Es müssen keine perfekten Rechtecke sein, flache, ovale Kieselsteine sind gut geeignet.

2 Malt alle Kieselsteine schwarz an. Um zu verhindern, dass sie beim Anmalen wegrutschen, könnt Ihr sie vorübergehend ankleben, wie in Schritt 3 beim Blumen-Mosaik (Seite 31) beschrieben.

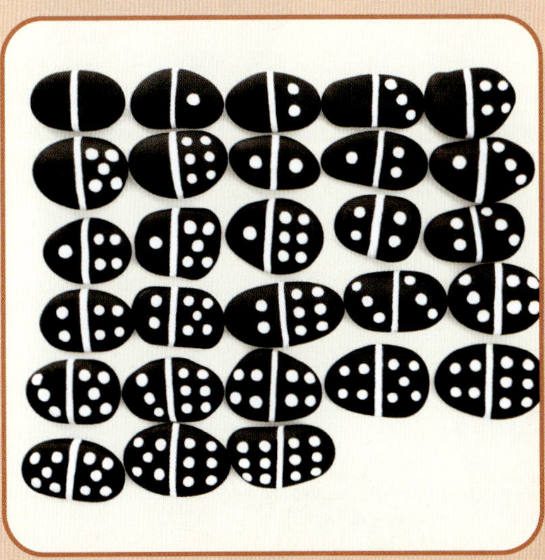

3 Zeichnet mit einem weißen Farbstift eine dicke Linie in der Mitte jedes Kieselsteins und fügt die richtige Anzahl von Punkten in jede Hälfte ein. Seht Euch einen Satz echter Dominosteine an, um sicherzustellen, dass Ihr alle Kombinationen richtig aufmalt.

4 Lackiert Eure neuen Dominosteine zum Schluss mit Acryllack, um die Farbe zu schützen und sie lange neu aussehen zu lassen. Mit Unterstützung eines Erwachsenen könnt Ihr entweder transparenten flüssigen Lack streichen oder Sprühlack auftragen.

Schalentiere

1 Muscheln sind, wie Steine, sehr feine Objekte, die bemalt werden können. Sammelt Muscheln unterschiedlicher Größe, wascht sie unter fließendem Wasser ab und wartet, bis sie getrocknet sind.

2 Malt nun die Muscheln mit hellen, kräftigen Farben an, so dass Ihr einen Schwarm regenbogenfarbener Fische auslegen könnt. Als Farbe könnt Ihr Acryl-, Aquarell-, oder Temperafarbe (Plakatfarbe) oder Gouache verwenden. Tragt eventuell noch zwei oder drei Schichten auf, bis die Farbe gut deckend ist. Nach jedem Farbauftrag muss die Farbe immer vollständig trocknen.

3 Sucht Euch ovale oder dreieckige Kieselsteine für die Fischschwänze und kleine, runde, flache Steinchen für die Augen. Klebt den ganzen Fischschwarm auf ein Stück Karton.

4 Bemalt die Fischschwänze mit der gleichen Farbe wie die Muscheln. Für die Augen zieht mit einem schwarzen Faserstift eine Linie in der Mitte der runden Kieselsteine. Bemalt die obere Hälfte mit verschiedenen Farben und verwendet für die untere Hälfte Weiß. Als nächstes setzt schwarze Punkte in den unteren Teil, um die Augen zu vervollständigen.

5 Fügt den Fischschwänzen einige Details hinzu, indem Ihr die inneren Teile mit einem helleren Farbton der gleichen Farbe bemalt.

6 Malt Linien entlang des Randes der Schalen mit kontrastierenden Farben. Jetzt sind Eure Fische fertig! Ihr könnt die Teile wild mischen oder wie im Bild zu einem Schwarm zusammenfügen. Ihr könnt ganz eigene Bilder schaffen, indem Ihr die Teile mit Heißkleber auf einem Stück Karton befestigt. Bittet einen Erwachsenen um Hilfe.

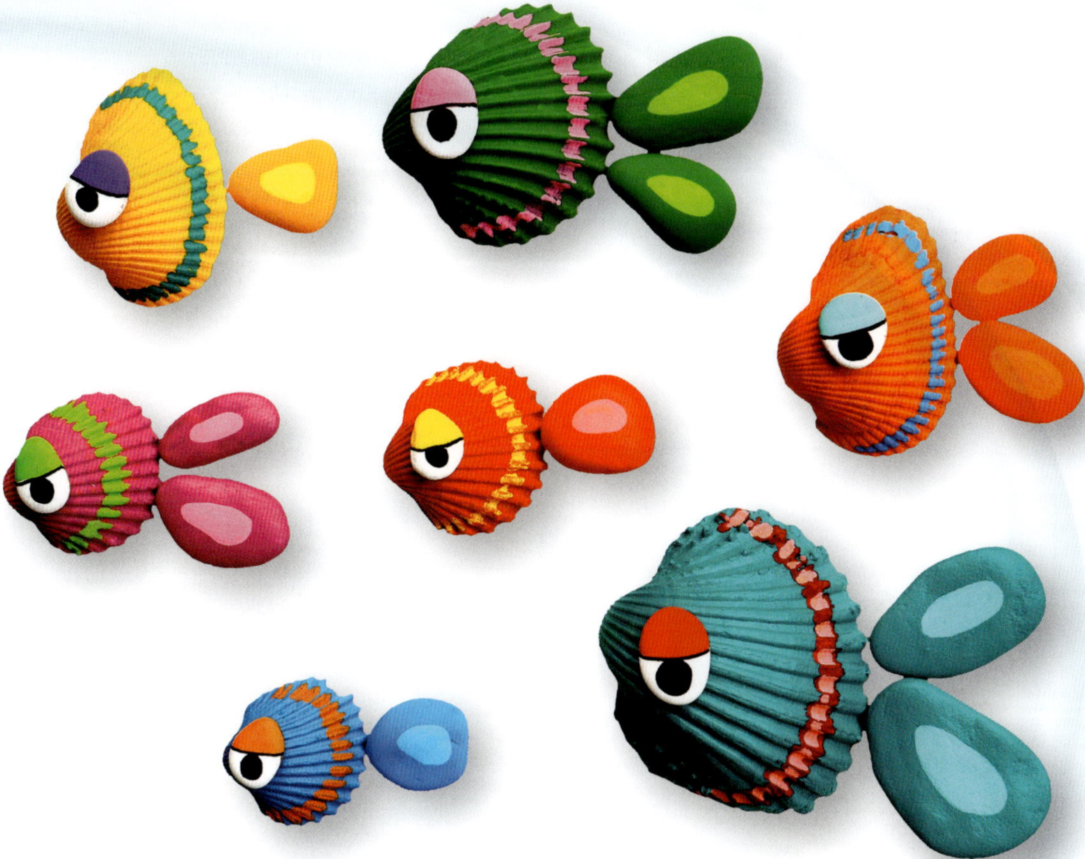

Probiert es aus!

Die Fische können wie im Ozean oder im bunten Schwarm in einem Aquarium schwimmen. Warum also nicht den Papphintergrund so bemalen, dass eine Unterwasserwelt entsteht?

Schach

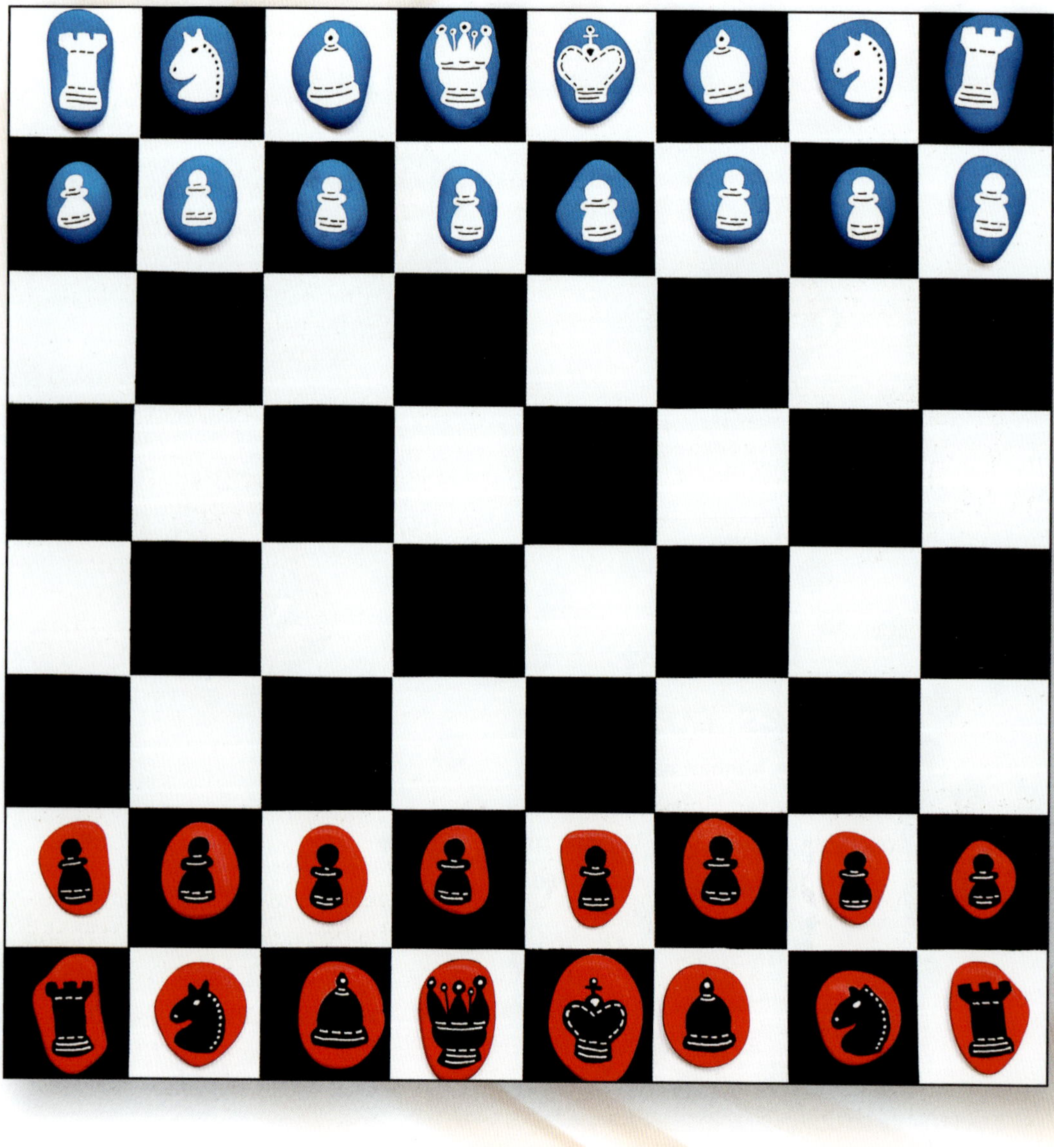

1 Sucht zweiunddreißig flache Kieselsteine, von denen sechzehn für die Bauernsteine kleiner sein sollten. Legt sie auf einem Schachbrett aus.

2 Wählt zwei verschiedene Farben, um Eure Steine zu bemalen bzw. zu grundieren, sechzehn in einer Farbe und sechzehn in einer anderen. Tragt mehrere Farbschichten auf und vergewissert Euch, dass die Farbe trocken ist, bevor Ihr mit der nächsten Schicht beginnt.

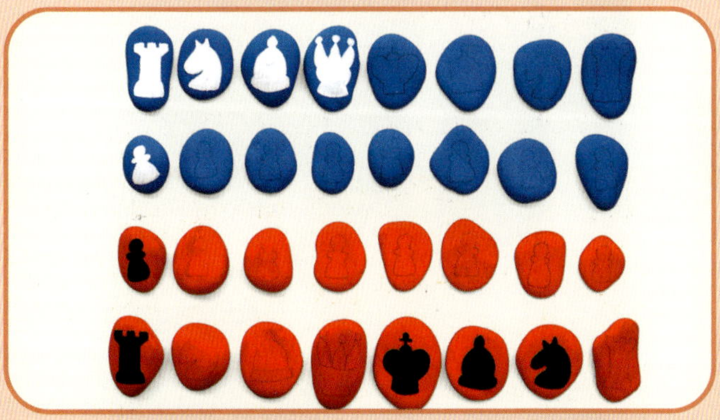

3 Skizziert mit einem Bleistift die Motive der verschiedenen Schachfiguren - Bauern, Springer, Läufer, Türme, Königin und König - auf die Steine. Ein Erwachsener kann Euch helfen, passende Bildvorlagen zu finden.

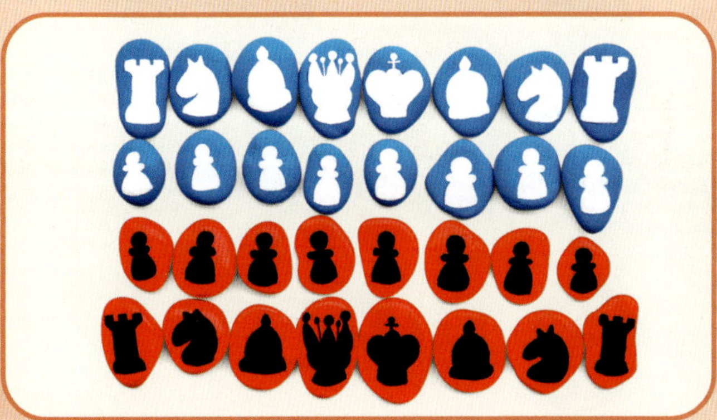

4 Malt das Innere Eurer Entwürfe mit Farben aus, die gut zur Hintergrundfarbe passen. Als zusätzliche Details könnt Ihr Linien und Punkte zu Euren Schachfiguren hinzufügen. Denkt daran, die Kieselsteine zum Schluss zu lackieren, um sie zu schützen.

Kaninchen aus Kieselsteinen

1 Sucht nach einem ovalen Stein für den Körper des Kaninchens, nach einem runden Kiesel für den Kopf, zwei dünnen ovalen Kieseln für die Ohren und vier ovalen oder dreieckigen Kieseln für die Beine.

2 Grundiert Eure Kieselsteine mit Acrylfarbe. Ich habe Hellrosa verwendet, aber Ihr könnt natürlich Eure eigene Lieblingsfarbe wählen. Welche Farbe ist das?

3 Malt im Inneren des Körper-Steins ein großes Oval in hellem Pink. Fügt ähnliche Flecken an den Ohren und Beinen hinzu. Zeichnet mit einem weißen Acrylstift die Augen und Wangen und nehmt anschließend einen schwarzen Stift, um die Augen, die Nase, den Mund, die Schnurrbarthaare und die Zehen anzubringen.

4 Malt bunte Punkte auf den Körper und die Ohren. Markiert die helleren Körperteile, Ohren und Beine mit Weiß. Passt auf, dass Euer Kaninchen jetzt nicht weghoppelt!

Probiert es aus!

Malt auf die gleiche Weise einen Bären, eine Giraffe oder eine Raupe. Befestigt die Steine auf Pappe oder legt ein Puzzle, indem Ihr die Teile mischt und sie dann zu den richtigen Tieren zusammenfügt.

Wörter

Spiel
play
Glauben
believe
Freude
joy
Lächeln
smile
Liebe
love
glücklich
happy
friend
Hoffnung
Blüten
Freund
bloom
hope
live
Leben
dad
family
best mom
Papa
liebste Mama
Familie

1 Sucht flache, glatte Steine. Sie können verschiedene Formen und Größen haben.

2 Malt die Oberfläche der Steine mit lustigen Farben wie Lila, Grün, Rosa, Rot, Blau und Gelb an. Lasst den Rand der Steine ohne Farbe.

3 Was sind Eure Lieblingswörter? Schreibt sie mit Acrylstiften mit breiter Spitze auf die Steine, in Farben, die auf dem Untergrund gut lesbar sind.

4 Fügt große bunte Punkte hinzu, um Eure Worte einzurahmen, und setzt kleinere schwarze Punkte in die großen bunten. Eure Wortsteine sind jetzt fertig. Ihr könnt damit Euer Zimmer dekorieren oder sie verschenken.

Probiert es aus

Ihr könnt auf die bemalten Steinflächen auch noch Muster aufbringen wie z.B. Herzen, Blumen, Blätter, Zickzack oder Kurven.

Blumen

1 Dieses Projekt unterscheidet sich vom Blumen-Mosaik auf den Seiten 30 - 31. Statt Blütenblätter auf verschiedene Kieselsteine zu malen, malt Ihr alle Blütenblätter einer Blume auf einen einzigen Stein. Sucht nach größeren runden Steinen für die Blüten und schmalen ovalen Steinen für die Stiele und Blätter.

2 Bemalt die Steine mit Euren Lieblingsfarben. Lila und Rot sind meine. Was sind Eure?

3 Zeichnet Eure Blumenmuster auf die Steine. Verwendet einen normalen Bleistift für helle Hintergrundfarben und einen weißen Bleistift oder Kreide für dunkle Hintergrundfarben. Zeichnet auf die Stiele auch einige Blätter.

4 Füllt die Blütenblätter und die Blütenmitte sowie die Stiele und Blätter mit hellen Farben, indem Ihr Farbe und Pinsel oder Farbstifte verwendet. Zieht mit einem schwarzen Filzstift oder Fineliner eine Linie um alle Teile Eurer Entwürfe.

Versucht es doch mal!

Für noch schickere Blumen könnt Ihr schwarze oder rote Linien und weiße, gelbe oder schwarze Punkte in den Blüten und auf den Blättern hinzufügen. Welche Farben mögt Ihr am liebsten?

Häuser

1 Sucht flache rechteckige oder dreieckige Steine. Ihr könnt die Oberflächen farbig grundieren oder naturbelassen verwenden.

2 Skizziert mit einem Bleistift die Hausmotive auf die Steine. Probiert verschiedene Formen von Dächern, Türen und Fenstern aus.

3 Jetzt könnt Ihr Eure Entwürfe mit einer Vielzahl von Farben ausmalen. Bei gelben Fenstern sieht es so aus, als ob drinnen Lichter brennen!

4 Fügt mit Acrylstiften und einem schwarzen Fineliner kurvige Linien, große und kleine Punkte, Halbkreise, Striche und weitere Farben zu Euren Häusern hinzu.

Muschel-Schmetterlinge

1 Ihr benötigt vier Muscheln in zwei verschiedenen Größen für die Flügel des Schmetterlings, zwei dünne ovale Kieselsteine für den Körper und einen runden Kiesel für den Kopf.

2 Beginnt am äußeren Rand der Muscheln und bemalt sie zur Spitze hin, indem Ihr breite, farbige Streifen auftragt. Malt auch die Steine für den Körper und den Kopf farbig an. Ich habe rote Acrylfarbe verwendet, aber sucht Euch ruhig Eure Lieblingsfarbe aus!

3 Ich habe vier helle Streifen auf jede Muschel gemalt. Möglicherweise müsst Ihr mehrere Farbschichten auftragen, da die Oberfläche der Schale rau und gewellt und daher schwer zu bemalen ist. Lasst die Farbe nach jeder Schicht ausreichend trocknen.

4 Fügt mit einem schwarzen Fineliner und anderen Farbstiften Linien, Striche, Kurven, Punkte und Gesichtszüge hinzu. Biegt ein Stück Draht, um den Fühlern des Muschel-Schmetterlings die richtige Form zu geben.

Fahrzeuge

1 Ihr benötigt einen Bleistift und verschieden große flache Steine, auf denen Ihr ein Boot und ein Flugzeug skizzieren könnt.

2 Macht Eure Zeichnungen nun farbig. Ihr könnt farbige Filzstifte oder Acrylfarbe und Pinsel verwenden. Ich habe Blau, Weiß, Rot und Rosa gewählt.

3 Zeichnet eine dünne schwarze Linie um die Kanten Eures Bootes und Flugzeugs. Dadurch erhalten sie eine klare, deutlich erkennbare Kontur.

4 Für weitere Details fügt Formen und Punkte innerhalb der Streifen des Segels und entlang des Rumpfes hinzu. Beim Flugzeug malt Kreise für die Fenster und Streifen und Punkte auf die Flügel und das Heck. Verwendet einen dünnen Fineliner, um das Cockpitfenster zu zeichnen.

1 Ihr benötigt einen Bleistift und kreisförmige Steine, auf denen Ihr Autos, einen Lastwagen und einen Bus skizzieren können.

2 Malt die Fahrzeuge mit Acrylstiften oder Acrylfarbe und Pinsel aus. Ihr könnt realistische Farben wählen, aber auch ungewöhnlichere Farben ausprobieren. Für die Reifen habe ich Schwarz verwendet.

3 Zeichnet dünne schwarze Linien um die Ränder und die besonderen Merkmale der Fahrzeuge. Dies macht die verschiedenen Teile der Autos, des Lastwagens und des Busses besser erkennbar.

4 Ihr könnt lustige Details wie einen kleinen weißen Kreis im Inneren der Reifen und winzige weiße Punkte für die Scheinwerfer hinzufügen. Andere Elemente wie Zickzacklinien können Eure Fahrzeuge zu etwas ganz Besonderem machen.

1 Ihr benötigt einen Bleistift und flache, rechteckige Steine, auf die Ihr Euren Zug aufzeichnen könnt. Ich zeichne vorne einen Triebwagen und dahinter Personen- und Güterwaggons.

2 Bemalt die Waggons in verschiedenen Farben. Füllt die Räder mit weißer Farbe aus. Wie Ihr sehen könnt, ergibt das einen sehr leuchtenden Zug!

3 Zeichnet nun eine dünne schwarze Linie um die Ränder der Waggons, Räder und Fenster. Jetzt gewinnt der Zug an Kontur.

4 Für weitere Details fügt kleine Punkte oder Striche auf dem Dach sowie Sterne, Streifen und Kreise auf den Waggons hinzu. Viel Spaß beim Ausmalen mit den farbigen Acrylstiften!

Der Himmel

1 Für die Zeichen am Himmel braucht Ihr ovale oder runde Steine. Etwas unregelmäßig geformte können ebenfalls verwendet werden. Ich habe drei Steine für die Sonne, den Mond und eine Wolke ausgewählt.

2 Grundiert alle Oberflächen mit Farben, die zum Thema passen: gelb für die Sonne, schwarz für den Mondhintergrund und blau für den Wolkenhimmel.

3 Zeichnet für die Sonne einen Kreis in der Mitte und dreieckige Strahlen um sie herum mit einem dünnen schwarzen Stift. Für den Mond und die Wolke verwendet einen weißen Stift, um den Umriss zu zeichnen.

4 Malt die Figuren mit Kreisen, Linien und Punkten aus, um der Sonne, dem Mond und der Wolke schöne Details hinzuzufügen.

Tiere

1 Sucht flache, glatte Steine aus. Es ist einfacher, wenn Ihr zunächst entscheidet, welche Tiere Ihr malen wollt, und dann Steine sucht, die zur Körperform passen. Aber keine Sorge! Ihr könnt jeden Stein passend bemalen.

2 Zeichnet die Tiermotive mit einem Bleistift auf die Steine. So könnt Ihr einen Fehler leicht durch Ausradieren korrigieren. Hier entstehen ein Bär, eine Katze, eine Schlange, ein Hundegesicht und eine Tatze.

3 Benutzt Eure Phantasie, um die Tiere bunt auszumalen. Nachdem die Farbe getrocknet ist, zieht um alle Eure Motive dünne schwarze Linien.

4 Verziert Eure Steine mit einfachen Details. Verwendet Linien, Punkte und Dreiecke, um die Tiere lebendiger wirken zu lassen!

Tic-Tac-Toe

1 Ihr benötigt mindestens neun runde Steine. Macht Euch keine Sorgen, wenn sie nicht die gleiche Größe haben. Wenn Ihr sie fertig bemalt habt, werden sie alle großartig aussehen!

2 Grundiert die Steine mit einer Schicht weißer Acrylfarbe. Dadurch werden die rauen Oberflächen gleichmäßiger und glatter, und Eure Zeichnungen wirken darauf lebendiger.

3 Bereitet Eure Materialien vor. Ihr braucht einen Bleistift, Farbe und dünne Fineliner-Stifte. Nun könnt Ihr Eure Muster auf die Steine zeichnen. Ihr werdet feststellen, dass es verschiedene Möglichkeiten gibt, dies zu tun.

4 Zeichnet mit einem Bleistift eine Blume auf den weißen Hintergrund und malt die Außenseite des Musters rot an. Ihr könnt die Oberfläche auch rot anmalen und mit einem weißen Stift eine Blume skizzieren. Entscheidet selbst, welche Art und Weise Euch am besten gefällt.

5 Nun könnt Ihr die Blütenblätter mit Farben zu füllen. Hier habe ich rote Steine mit rosa Blütenblättern für den einen Spieler und grüne Steine mit weißen Blütenblättern für den anderen Spieler verwendet.

6 Ihr könnt den Blütenblättern verschiedene Farben und eine dünne schwarze Linie an den Rändern hinzufügen. Zieht schwarze Linien von der Mitte aus nach außen und setzt ans Ende farbige Punkte. Malt die anderen Blüten auf die gleiche Weise an. Dann seid Ihr bereit, Tic-Tac-Toe zu spielen!

Probiert es aus!

Bemalt Eure Tic-Tac-Toe-Steine mit Marienkäfer-Motiven. Um die Steine mit einem Transparentlack zu schützen, bittet einen Erwachsenen um Hilfe.

Stein-Menschen

1 Sucht nach flachen, runden Steinen unterschiedlicher Größe für die Köpfe, nach ovalen Steinen für die Körper und nach länglichen ovalen Kieselsteinen für Arme und Beine. Ordnet die Steine zu menschlichen Figuren an und schreibt die Namen der Körperteile auf die Rückseite jedes einzelnen Steins, um sie nach dem Malen leicht wieder anzuordnen.

2 Malt Köpfe und Hände in der gleichen Farbe und die Kleider, Schuhe, Hosen und Socken in verschiedenen Farben. Achtet darauf, dass die Farbe genügend Zeit zum Trocknen hat, bevor Ihr zum nächsten Schritt übergeht.

3 Jetzt könnt Ihr Gesichter hinzufügen. Wählt Haarfarben aus und deutet mit feinen schwarzen Linien Strähnen an. Seid bei der Kleidung so kreativ, wie Ihr wollt! Für den Mann können Jackett und Krawatte passend sein, für Frau und Kind vielleicht eher bunte Kleidung mit Linien, Punkten und Kurven. Schwarze Linien und verschiedenfarbige Punkte auf den Schuhen sind ein perfekter Abschluss.

Memory Steine

1 Für das Memory-Spiel benötigt Ihr sechzehn ähnliche runde oder ovale Steine.

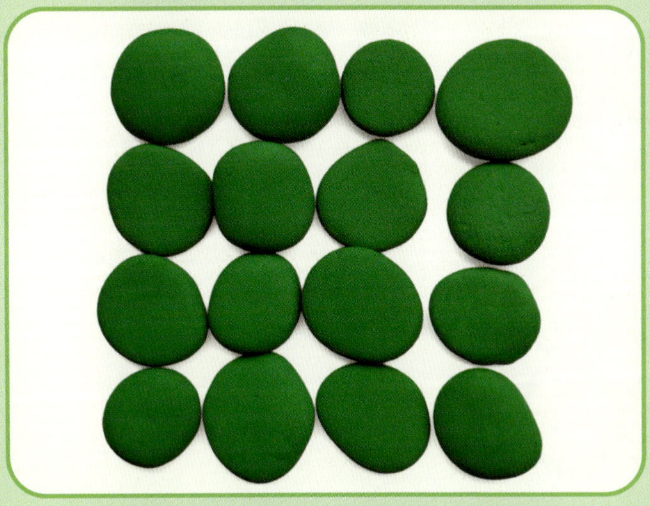

2 Wählt Eure Lieblingsfarbe und malt alle Steine damit an. Achtet darauf, auch die Rückseiten zu bemalen. Ich habe Grün verwendet.

3 Malt in einer helleren Farbe jeweils einen Kreis auf die Steine und lasst einen schmalen Rand in der Hintergrundfarbe stehen. Hellgelb ist meine Wahl. Was ist Eure?

4 Zeichnet Eure Motive jeweils paarweise auf die Steine, z.B. zwei Fische, zwei Marienkäfer, zwei Schmetterlinge und zwei Eulen. Zeichnet die Entwürfe mit einem Bleistift vor. Ihr könnt auch einfache Formen wie Muster, Buchstaben und Zahlen wählen. Macht es Euch nicht zu schwer!

5 Malt Eure Entwürfe in kräftigen, leuchtenden Farben aus. Verwendet entweder Acrylstifte oder Acrylfarbe mit Pinseln. Sorgt dafür, dass die Muster und Farben für jedes Paar übereinstimmen!

6 Für ein klareres Erscheinungsbild umrandet Eure Entwürfe mit schwarzem Fineliner. Ergänzende Details wie bunte Linien und Punkte sorgen für mehr Leben auf den Steinen!

Probiert es aus!

Fügt auf der Rückseite der Steine ein kleines Symbol, z.B. ein Herz, hinzu. So sehen die Steine beim Umdrehen nicht langweilig aus.

Stein-Täfelchen

1 Wählt einen großen, flachen, glatten Stein und grundiert ihn mit schwarzer Tafelfarbe. Wartet mindestens sechs Stunden, bis die Farbe vollständig getrocknet ist. Je größer der Stein, desto mehr Wörter und Symbole finden auf der Tafeloberfläche Platz.

2 Schreibt mit farbigen Kreidemarkern oder Kreiden auf den Tafelstein, was immer Ihr sagen wollt. Denkt daran, dass Ihr mit einem feuchten, weichen Tuch oder mit einem Tafel-Radiergummi Aufgemaltes leicht ausradieren könnt.

Steine schmücken mit Washi Tape

1 Sucht nach großen flachen Steinen und wählt ein buntes Washi-Band für die Arbeit. Klebt Abschnitte des Bandes nebeneinander auf jeden Stein und lasst an beiden Seiten jeweils etwas von der natürlichen Steinoberfläche sichtbar.

2 Zeichnet mit Acrylstiften bunte Linien zwischen die einzelnen Streifen des Bandes. Ihr könnt die natürliche Oberfläche des Steins auch mit Punkten, geschwungenen Linien und jedem beliebigen Muster, das Euch gefällt, verzieren. Dies ist ein lustiges, einfaches Projekt, und am Ende werdet Ihr wilde und verrückte Schmuckstücke für Euer Zimmer oder zum Verschenken bekommen!

Weitere Spiele

Welche Wörter könnt Ihr mit Euren Alphabet-Steinen (siehe Seite 22 bis 23) legen, ohne dass Ihr manche Buchstaben-Steine doppelt oder mehrfach herstellen und ausmalen müsst?

Mathematik

Nehmt Eure Zahlen-Steinbilder von den Seiten 20 und 21 und kombiniert sie mit Steinen aus anderen Projekten, um lustige Zählspiele zu schaffen.
Ihr könntet der nächste Albert Einstein werden!

1
2
3
4
5
6

Bilder & Themen

Ihr könnt mit Euren bemalten Steinen auf eine kurzweilige Art und Weise weiter spielen, indem Ihr sie zu einem Bild oder als Landschaft anordnet.

Oder Ihr setzt die verschiedenen Steinbilder zusammen, um ein Thema wie den Himmel oder Waldtiere zu gestalten.

Stein-Geschichten erzählen

Erzählt eine Geschichte mit Euren Steinbildern. Bittet einen Erwachsenen oder einen Freund, Steine aus Euren verschiedenen Sammlungen auszuwählen und damit eine Geschichte zu erzählen, wobei alle Motive verwendet werden sollten. Welche Geschichte fällt Euch gerade ein?

Das Buchstabier-Spiel

Übt Euch in der Schreibweise von Namen und Objekten, die Ihr auf die Steine gemalt habt. Im Handumdrehen erlebt Ihr eine wundervolle Verbesserung Eurer Rechtschreib-Kenntnisse!

HAUESER

Über die Autorin

Die aus Istanbul stammende Autorin F. Sehnaz Bac studierte Archäologie an der Ege Universität Izmir und erwarb dort einen Magisterabschluss für archeologische Restaurierung und Konservierung. Die vergangenen zwei Jahrzehnte arbeitete sie an vielen türkischen Ausgrabungsstätten als Archäologin und Zeichnerin. Ihre detaillierten technischen Zeichnungen von diesen Orten haben ihre fantasievollen Steinbilder beeinflusst, die sie, von der Natur inspiriert, mit Wasser- und Acrylfarbe, Tusche und Markern farbenreich gestaltet.

Sehnaz zeigt ihre bemalten Steine auf www.facebook.com/isassidelladriatico und verkauft sie bei Etsy: www.etsy.com/shop/isassidelladriatico.

Weitere Bücher im ökobuch Verlag

Anders gärtnern
Permakultur-Elemente im Hausgarten. Ob Kräuterspirale, Krater- bzw. Hochbeet, Kartoffelturm, Wurmfarm oder Erdgewächshaus mit Hühnerstall, bei allem dient die Natur als Vorbild. Mit vielen Anleitungen für einen Hausgarten, in dem die Bereiche harmonisch zusammenwirken und sich gegenseitig fördern. Von Margit Rusch. 96 Seiten, mit vielen farbigen Abbildungen, 16,95 €

Mein kleiner Permakultur-Garten
300 kg Ernte auf 150 m² Fläche mitten in der Stadt. Der Autor Josef Chauffrey beschreibt die Kultivierung eines Reihenhausgartens nach Permakultur-Prinzipien und zeigt, wie sich beachtliche Ernteerfolge an Obst u. Gemüse erzielen lassen. 110 Seiten, mit vielen farbigen Abbildungen, 16,95 €

Das Biogarten-Praxisbuch
Anleitung zum naturgemäßen Gärtnern in Bildern. Hier wird das notwendige Wissen vermittelt, um erfolgreich den Boden zu bestellen und reichhaltig gesundes Obst und Gemüse zu ernten. Susanne Bruns. 224 Seiten, viele Abbildungen, 18,95 €

Permakultur im Hausgarten
Mit diesem Buch gibt der Autor einen Leitfaden an die Hand, wie ein Hausgarten Stück für Stück zum persönlichen und vielseitigen Permakultur-Garten gestaltet oder umgestaltet werden kann. Jonas Gampe. 144 Seiten, mit vielen Abbildungen, 16,95 €

Auf 300 qm Gemüseland
... den Bedarf eines Haushalts ziehen. Wie man auf kleinstem Raum einen Nutzgarten anlegt und erfolgreich bewirtschaftet, können wir von unseren Vorfahren lernen. Mit schnellen, praktischen, alphabetisch geordneten Infos über die wesentlichen Pflanzen, über Anbau- und Arbeitsmethoden. Von Arthur Janson. Neugestalteter Nachdruck der Erstausgabe von 1926. 170 Seiten, 16,95 €

Saatgut aus dem Hausgarten
Nach einer Einführung in die Saatgutgewinnung und in die Praxis der Vermehrung werden die nötigen Hilfsmittel, Ernte, Reinigung und Lagerung der Samen sowie Aussaat und Aufzucht beschrieben. Mit kurzen Pflanzenporträts aller im Hausgarten üblichen Kräuter, Gemüse und Blumen. Von Marlies Ortner. 138 Seiten, mit vielen farbigen Abbildungen, 19,90 €

Trocknen und Dörren mit der Sonne
Bau & Betrieb von Solartrocknern. Ein Buch für alle, die einen funktionstüchtigen Solartrockner kostengünstig selbst bauen möchten, um Obst, Gemüse und Kräuter natürlich und hochwertig haltbar zu machen. Außerdem: Praxis des Trocknens mit vielen Tipps aus langjähriger Erfahrung. Herausgegeben von Claudia Lorenz-Ladener. 96 Seiten, mit vielen farbigen Abbildungen, 16,95 €

Terrassen und Decks aus Holz selbst gebaut
Planungsüberlegungen, sinnvolle Konstruktionen, Materialempfehlungen. Viele Beispiele und Schritt-für-Schritt-Bilder vermitteln das Wissen zum Bau schöner Holzdecks. Von Peter Himmelhuber. 102 Seiten, mit vielen farbigen Abbildungen, 16,95 €

Mein Garten lebt
Vögel, Schmetterlinge, Igel, Wildbienen und andere nützliche Tiere ansiedeln. Mit Bauanleitungen und Gestaltungsideen, um durch Nisthilfen, Schlafquartiere u.ä, Gärten tierfreundlich zu gestalten. Von Peter Himmelhuber. 96 Seiten, mit vielen farbigen Abbildungen, 16,95 €

Natürlich konservieren
Die 250 besten Rezepte, um Gemüse und Obst möglichst naturbelassen haltbar zu machen und ein maximum an Vitaminen, Nährstoffen und Geschmack zu erhalten. Herausgegeben von Terre Vivante. 160 Seiten, mit vielen Abbildungen, 16,95 €

Trockenmauern für den Garten
Bauanleitung & Gestaltungsideen. Ob Sitzplätze oder Hochbeete einzufassen, eine Hangfläche zu terrassieren oder das Grundstück einzugrenzen: Mit einfachen Werkzeugen kann jeder kostengünstig eine schöne und dauerhafte Trockenmauer selbst bauen. Von Jana Spitzer und Reiner Dittrich. 96 Seiten, mit vielen farbigen Abbildungen, 16,95 €

Hütten von Kindern selbst gebaut

Das Buch zeigt schön illustriert, wie Kinder ohne großen Aufwand ihr eigenes kleines Reich erschaffen können, mit Baumaterialien, die fast alle draußen zu finden sind: Spielhäuschen, Kuppelbau, Schlupfwinkel, Beobachtungsversteck. Ab 8 Jahre. Von Louis Espinassous. 58 Seiten, mit vielen Abbildungen, 16,95 €

Kleine Baumhäuser und Hütten

… kinderleicht gebaut. Hier wird gezeigt, wie Baum- und Stelzenhäuser gebaut werden können. Mit Anleitungen für verschiedene Konstruktionen und Bildern von realisierten Beispielen. Von David Stiles. 96 Seiten, mit vielen farbigen Abbildungen, 16,95 €

Holzbacköfen im Garten

Detaillierte Bauanleitungen vom einfachen Lehmofen bis zum gemauerten Brotbackhäuschen. Mit vielen Erfahrungen und Ratschlägen sowie pfiffigen Tipps und Rezepten. Herausgegeben von Claudia Lorenz-Ladener. 138 Seiten, mit vielen Abbildungen, 17,95 €

Gestalten mit Stein im Garten

Pflastern von Wegen, Terrassen und Zufahrten, Anlegen von Treppen und das Errichten von Mauern und Hangbefestigungen, mit Hinweisen zur Materialwahl, zu Aufwand und Kosten, und mit Anregungen für eigenes Schaffen. Von Peter Himmelhuber. 126 Seiten, mit vielen farbigen Abbildungen, 16,95 €

Naturkeller

Grundlagen der Kühllagerung und Anleitungen für Planung und Bau naturgekühlter Lagerräume im Haus und Freiland. Von Claudia Lorenz-Ladener. 140 Seiten, mit vielen Abbildungen, 19,90 €

Gestalten mit Holz im Garten

Bodenbeläge, Holzdecks, Zäune, Rankgerüste, Lauben. Bauanleitungen und Gestaltungsideen für Nützliches und Dekoratives aus Schnittholz und aus grünem Holz. Von Heidi Howcroft. 136 Seiten, mit vielen Abbildungen, 18,95 €

Einfache Lauben und Hütten selbst gebaut

Einfache Paradiese zum Selbstbauen. Bauanleitungen für schnell zu errichtende Behausungen (Tipi, Baumhaus, Kuppelbau, Hogan etc.), sowie für schöne Lauben für den Garten oder die freie Natur. Von Claudia Lorenz-Ladener. 160 Seiten, mit vielen farbigen Abbildungen, 16,95 €

Kleine grüne Archen

Passivsolare Gewächshäuser als Alternative zum transparenten Standard-Gewächshaus. Das Buch zeigt, wie Solargewächshäuser freistehend, angelehnt oder teilweise in der Erde versenkt auch selbst gebaut werden können. Von Claudia Lorenz-Ladener. 128 Seiten, mit vielen farbigen Abbildungen, 22,90 €

Mit Weiden bauen

Anleitungen für Zäune, Laubengänge, Wigwams, Sitzplätze und grüne Kuppeln. Arbeiten mit lebendem Material, aus dem sich viele schöne, nützliche Dinge herstellen lassen.
Von Jon Warnes. 60 Seiten, mit vielen farbigen Abbildungen, 16,95 €

Färben mit Pflanzen

Färbepflanzen - Rezepte - Anwendung. Aufbereitung und Anwendung heimischer Färbepflanzen zum Färben von Wolle und Stoffen werden in zahlreichen Rezepten detailliert beschrieben.
Von Dorit Berger. 96 Seiten, mit vielen farbigen Abbildungen, 16,95 €

Bauen mit Frischholz

Vom Spalier bis zur Laube – frisches grünes Holz ist ein ausgezeichnetes Material, um daraus nützliche Gartenobjekte herzustellen. Mit Schritt-für-Schritt-Anleitungen für Pflanzbehälter, Spaliere, Bänke, Lauben usw. Von Alan und Gill Bridgewater. 80 Seiten, mit vielen Abbildungen, 16,95 €

Essbare Wildpflanzen aus dem Hausgarten

150 Arten: Obst, Kräuter, Gemüse. Wie eine dauerhafte Pflanzenlandschaft aus fruchttragenden Bäumen und Sträuchern, wilden Stauden sowie Kräutern und essbaren Bodendeckern geschaffen werden kann. Mit mehr als 70 Pflanzenporträts essbarer Wildfrüchte, Wildkräuter und Wildgemüse und Tipps zu deren Verwertung. Von Marlies Ortner. 126 Seiten, mit vielen Abbildungen, 16,95 €

Bunte Körbe aus Gräsern und Kräutern

Die Technik des Korbwickelns neu entdeckt. Anleitungen zur Herstellung von bunten Körben durch Wickeln und Vernähen von Strängen aus heimischen Faserpflanzen. Mit vielen Schritt-für-Schritt-Anleitungen. Von Walter Friedl. 96 Seiten, mit vielen farbigen Abbildungen, 17,95 €

Hauserneuerung

Instandsetzen - Modernisieren - Energiesparen - Umbauen: mit Anleitung zur Selbsthilfe. Das Buch beschreibt ausführlich den behutsamen, handwerklich sachgerechten und umweltverträglichen Umgang mit alter Bausubstanz. Von G. Haefele, W. Oed und L. Sabel. 256 Seiten, mit vielen Abbildungen, 28,90 €

Vom Altbau zum Effizienzhaus

Energietechnische Gebäudesanierung in der Praxis: Nachträgliche Wärmedämmung der Gebäudehülle, Fenstererneuerung, sowie Sanierung der Haustechnik einschließlich Lüftung, Heizung, Sanitär und Elektro. Hrsg. von Ingo Gabriel und Heinz Ladener. 200 Seiten, mit vielen farbigen Abbildungen, 28,90 €

Praxis: Holzfassaden

Material, Planung, Ausführung. Das Buch zeigt nicht nur die gestalterischen Möglichkeiten moderner Holzfassaden, sondern stellt zahlreiche vorbildliche Beispiele und Detaillösungen mit Ecken, Sockel, Dach- und Fensteranschlüssen vor. Von Ingo Gabriel. 112 Seiten, mit vielen farbigen Abbildungen, 28,- €

Handbuch Lehmbau

Umfassendes Lehrbuch und Nachschlagewerk: Es zeigt Einsatzmöglichkeiten, Eigenschaften und Verarbeitungstechniken des Baustoffes Lehm. Mit Forschungsergebnissen und Beschreibungen ausgeführter Lehmhäuser. Von Gernot Minke. 222 Seiten, mit vielen Abbildungen, 38,- €

Neues Bauen mit Stroh in Europa

Bauen mit großformatigen Quadern aus gepresstem Stroh: gebaute Beispiele, erprobte Bauformen und Konstruktionen, Besonderheiten, neue Projekte und Forschungen. Von H. u. A. Gruber u. H. Santler. 112 Seiten, mit vielen Abbildungen, 16,95 €

Handbuch Strohballenbau

Ein Konstruktions-Handbuch, das Konzeption, Bautechnik und alle Details beschreibt, um aus Strohballen gut gedämmte, dauerhafte Häuser zu bauen. Mit vielen Konstruktionsdetails und Beispielen. Von Gernot Minke und Benjamin Krick. 152 Seiten, mit vielen farbigen Abbildungen, 29,90 €

Haus der Zukunft

Ein Drittel aller Treibhausgase entsteht (noch) bei uns Zuhause. Das Buch möchte motivieren und zeigen, wie unser Zuhause in 20 bis 40 Jahren aussehen könnte und welche Wege dorthin führen. Von Simon Grieger. 196 Seiten, mit vielen farbigen Abbildungen, 24,90 €

Regenwasser für Garten und Haus

Ein kompetenter Ratgeber für Planung und Bau von Regenwassersammelanlagen nach dem Stand der Technik: Bemessung, Genehmigung, Speichertanks, Pumpen, Rohrleitungen, Zubehör. Von Karlheinz Böse. 96 Seiten, mit vielen Abbildungen, 16,95 €

Autonome Stromversorgung

Auslegung, Aufbau und Praxis autonomer Stromversorgungsanlagen mit Batteriespeicher für Beleuchtung und für netzferne Handwerks- u. Landwirtschaftsbetriebe. Von Philipp Brückmann und Georg Bopp. 126 Seiten, mit vielen Abbildungen, 22,90 €

Unsere Bücher erhalten Sie in allen Buchhandlungen.
www.oekobuch.de · E-Mail: verlag@oekobuch.de

ökobuch
Zukunft leben